화엄경 제48권(여래십신상해품) 해설

화엄경 제48권에는 여래십신상해품과 여래수호광명공덕품이 나온다. 여래십신상해품에서는 보현보살이 여래의 열 가지 相에 대하여 설명한다.

정상육계상(pp.1~2) · 안광명(3p) · 보륜상(3p) · 普照雲(4p)으로부터 광명운 등 97종의 대인상을 말하였다.(pp.9~80)
그리고 여래수호광명공덕품에서는 보수보살이 "여래에게는 700아승지 광명이 있는데, 이 광명을 쏘이면 6근이 환희용약하고 갖가지 업이 성숙하여 지옥 아귀의 지극한 고통까지 소멸된다고 하였다.

말하자면 하늘의 북소리를 들으면 모든 악은 소멸되고 오직 즐거움만 생기듯이 부처님의 공덕상을 대하게 되면 모든 악심이 소멸되고 선심이 나타나 잃어버렸던 감사심, 보은심, 남녀를 초월하여 피차의 마음을 이해하듯 온갖 일들이 원만성취된다. 보지 못하던 것을 보게 되고, 듣지 못하던 것을 듣게 되며, 맡지 못하던 것을 맡게 되고, 지금까지 하지 못하던 말을 하게 되며, 사람의 몸으로 자비를 행하게 됨으로써 4선8정을 얻고 마침내는 무생법인을 얻게 된다 하였다. (pp.81~118)

如來十身相海品 第三

十四

爾時普賢菩薩摩訶薩告

諸菩薩言佛子今當爲汝演

說如來所有相海

佛子如來頂上有三十二

寶莊嚴大人相其中有大人

相名光照一切方普放無量
상명광조일체방보방무량

大光明網一切妙寶以爲莊
대광명망일체묘보이위장

嚴寶髮周徧柔軟密緻一一
엄보발주변유연밀치일일

咸放摩尼寶光充滿一切無
함방마니보광충만일체무

邊世界悉現佛身色相圓滿
변세계실현불신색상원만

是爲一
시위일

次有大人相名佛眼光明
차유대인상명불안광명

法 법	來 래	上 상	次 차	其 기	色 색	雲 운
界 계	福 복	妙 묘	有 유	光 광	光 광	以 이
諸 제	智 지	寶 보	大 대	普 보	如 여	摩 마
世 세	燈 등	輪 륜	人 인	照 조	眉 미	尼 니
界 계	明 명	以 이	相 상	一 일	間 간	王 왕
海 해	普 보	爲 위	名 명	切 체	毫 호	種 종
於 어	照 조	莊 장	充 충	世 세	相 상	種 종
中 중	十 시	嚴 엄	滿 만	界 계	所 소	莊 장
普 보	方 방	放 방	法 법	是 시	放 방	嚴 엄
現 현	一 일	於 어	界 계	爲 위	光 광	出 출
一 일	切 체	如 여	雲 운	二 이	明 명	金 금

雲 운	四 사	土 토	咸 함	金 금	有 유	切 체
摩 마	次 차	一 일	放 방	摩 마	大 대	諸 제
尼 니	有 유	切 체	光 광	尼 니	人 인	佛 불
寶 보	大 대	諸 제	明 명	種 종	相 상	及 급
王 왕	人 인	佛 불	照 조	種 종	名 명	諸 제
淸 청	相 상	於 어	不 부	莊 장	示 시	菩 보
淨 정	名 명	中 중	思 사	嚴 엄	現 현	薩 살
莊 장	放 방	出 출	議 의	其 기	普 보	是 시
嚴 엄	寶 보	現 현	諸 제	諸 제	照 조	爲 위
毘 비	光 광	是 시	佛 불	妙 묘	雲 운	三 삼
瑠 류	明 명	爲 위	國 국	寶 보	眞 진	次 차

具 구	薩 살	現 현	德 덕	讚 찬	切 체	璃 리
如 여	神 신	如 여	是 시	歎 탄	法 법	寶 보
來 래	變 변	來 래	爲 위	如 여	界 계	以 이
力 력	寶 보	徧 변	五 오	來 래	於 어	爲 위
覺 각	焰 염	法 법	次 차	往 왕	中 중	華 화
悟 오	摩 마	界 계	有 유	昔 석	普 보	蘂 예
一 일	尼 니	大 대	大 대	所 소	現 현	光 광
切 체	以 이	自 자	人 인	行 행	種 종	照 조
寶 보	爲 위	在 재	相 상	智 지	種 종	十 시
焰 염	其 기	雲 운	名 명	慧 혜	神 신	方 방
光 광	冠 관	菩 보	示 시	功 공	變 변	一 일

輪(륜) 以(이) 爲(위) 其(기) 鬘(만) 其(기) 光(광) 普(보) 照(조) 十(시) 方(방)

世(세) 界(계) 於(어) 中(중) 示(시) 現(현) 一(일) 切(체) 如(여) 來(래) 坐(좌)

於(어) 道(도) 場(량) 一(일) 切(체) 智(지) 雲(운) 充(충) 滿(만) 虛(허) 空(공)

無(무) 量(량) 法(법) 界(계) 是(시) 爲(위) 六(육)

次(차) 有(유) 大(대) 人(인) 相(상) 名(명) 如(여) 來(래) 普(보) 燈(등)

雲(운) 以(이) 能(능) 震(진) 動(동) 法(법) 界(계) 國(국) 土(토) 大(대) 自(자)

在(재) 寶(보) 海(해) 而(이) 爲(위) 莊(장) 嚴(엄) 放(방) 淨(정) 光(광) 明(명)

照 조	莊 장	寶 보	名 명	慧 혜	菩 보	充 충
十 시	嚴 엄	如 여	普 보	幢 당	薩 살	滿 만
方 방	常 상	意 의	照 조	海 해	功 공	法 법
一 일	放 방	王 왕	諸 제	是 시	德 덕	界 계
切 체	菩 보	寶 보	佛 불	爲 위	海 해	於 어
世 세	薩 살	摩 마	廣 광	七 칠	過 과	中 중
界 계	焰 염	尼 니	大 대	次 차	現 현	普 보
於 어	燈 등	王 왕	雲 운	有 유	未 미	現 현
中 중	光 광	寶 보	因 인	大 대	來 래	十 시
顯 현	明 명	以 이	陀 타	人 인	佛 불	方 방
現 현	普 보	爲 위	羅 라	相 상	智 지	諸 제

見 견	十 시	嚴 엄	璃 리	人 인	海 해	一 일
如 여	方 방	一 일	摩 마	相 상	淸 청	切 체
來 래	一 일	切 체	尼 니	名 명	淨 정	諸 제
現 현	切 체	衆 중	王 왕	圓 원	力 력	佛 불
坐 좌	世 세	寶 보	種 종	滿 만	海 해	衆 중
其 기	界 계	舒 서	種 종	光 광	是 시	色 색
前 전	一 일	大 대	寶 보	明 명	爲 위	相 상
讚 찬	切 체	焰 염	華 화	雲 운	八 팔	海 해
歎 탄	衆 중	網 망	以 이	上 상	次 차	大 대
諸 제	生 생	充 충	爲 위	妙 묘	有 유	音 음
佛 불	悉 실	滿 만	莊 장	瑠 유	大 대	聲 성

無 무	覆 부	寶 보	光 광	人 인	來 래	及 급
礙 애	一 일	光 광	明 명	相 상	淸 청	諸 제
震 진	切 체	普 보	雲 운	名 명	淨 정	菩 보
動 동	國 국	照 조	衆 중	普 보	境 경	薩 살
佛 불	土 토	無 무	寶 보	照 조	界 계	法 법
音 음	十 시	量 량	妙 묘	一 일	是 시	身 신
宣 선	方 방	世 세	華 화	切 체	爲 위	功 공
暢 창	法 법	界 계	以 이	菩 보	九 구	德 덕
法 법	界 계	寶 보	爲 위	薩 살	次 차	令 영
海 해	通 통	焰 염	莊 장	行 행	有 유	入 입
是 시	達 달	普 보	嚴 엄	藏 장	大 대	如 여

爲十次有大人相名普光照
위십차유대인상명보광조

耀雲毘瑠璃因陀羅金剛摩
요운비유리인다라금강마

尼寶以爲莊嚴瑠璃寶光色
니보이위장엄유리보광색

相明徹普照一切諸世界海
상명철보조일체제세계해

出妙音聲充滿法界如是皆
출묘음성충만법계여시개

從諸佛智慧大功德海之所
종제불지혜대공덕해지소

化現是爲十一次有大人相
화현시위십일차유대인상

雲 운	二 이	永 영	邊 변	如 여	嚴 엄	名 명
以 이	次 차	斷 단	世 세	來 래	其 기	正 정
寶 보	有 유	一 일	界 계	坐 좌	諸 제	覺 각
焰 염	大 대	切 체	令 영	於 어	寶 보	雲 운
藏 장	人 인	妄 망	諸 제	道 도	華 화	以 이
海 해	相 상	想 상	世 세	場 량	悉 실	雜 잡
心 심	名 명	分 분	界 계	充 충	放 방	寶 보
王 왕	光 광	別 별	普 보	滿 만	光 광	華 화
摩 마	明 명	是 시	得 득	一 일	明 명	而 이
尼 니	照 조	爲 위	淸 청	切 체	皆 개	爲 위
而 이	耀 요	十 십	淨 정	無 무	有 유	莊 장

放 방	金 금	有 유	相 상	行 행	無 무	爲 위
大 대	剛 강	大 대	海 해	一 일	量 량	莊 장
光 광	華 화	人 인	充 충	切 체	菩 보	嚴 엄
明 명	毘 비	相 상	滿 만	如 여	薩 살	放 방
光 광	瑠 유	名 명	法 법	來 래	及 급	大 대
中 중	璃 리	莊 장	界 계	智 지	諸 제	光 광
有 유	寶 보	嚴 엄	是 시	身 신	菩 보	明 명
大 대	而 이	普 보	爲 위	法 법	薩 살	光 광
寶 보	爲 위	照 조	十 십	身 신	所 소	中 중
蓮 련	莊 장	雲 운	三 삼	諸 제	行 행	顯 현
華 화	嚴 엄	以 이	次 차	色 색	之 지	現 현

座具足莊嚴彌覆法界自然
좌구족장엄미부법계자연

演說四菩薩行其音普偏諸
연설사보살행기음보변제

法界海是爲十四次有大人
법계해시위십사차유대인

相名現佛三昧海行雲於一
상명현불삼매해행운어일

念中示現如來無量莊嚴普
념중시현여래무량장엄보

偏莊嚴一切法界不思議法
변장엄일체법계불사의법

界海是爲十五次有大人相
계해시위십오차유대인상

一 일	寶 보	名 명	窮 궁	明 명	如 여	名 명
切 체	以 이	一 일	盡 진	從 종	須 수	變 변
佛 불	爲 위	切 체	是 시	佛 불	彌 미	化 화
師 사	莊 장	如 여	爲 위	願 원	山 산	海 해
子 자	嚴 엄	來 래	十 십	生 생	以 이	普 보
座 좌	放 방	解 해	六 륙	現 현	爲 위	照 조
示 시	大 대	脫 탈	次 차	諸 제	莊 장	雲 운
現 현	光 광	雲 운	有 유	變 변	嚴 엄	妙 묘
一 일	明 명	清 청	大 대	化 화	衆 중	寶 보
切 체	莊 장	淨 정	人 인	無 무	寶 보	蓮 련
諸 제	嚴 엄	妙 묘	相 상	有 유	光 광	華 화

於 어	焰 염	雲 운	眞 진	自 자	海 해	佛 불
中 중	密 밀	以 이	金 금	在 재	是 시	色 색
普 보	雲 운	爲 위	蓮 련	方 방	爲 위	像 상
現 현	淸 청	莊 장	華 화	便 편	十 십	及 급
一 일	淨 정	嚴 엄	摩 마	普 보	七 칠	無 무
切 체	光 광	放 방	尼 니	照 조	次 차	量 량
妙 묘	明 명	一 일	王 왕	雲 운	有 유	佛 불
好 호	充 충	切 체	燈 등	毘 비	大 대	法 법
莊 장	滿 만	諸 제	妙 묘	瑠 유	人 인	諸 제
嚴 엄	法 법	佛 불	法 법	璃 리	相 상	佛 불
之 지	界 계	寶 보	焰 염	華 화	名 명	刹 찰

具是爲十八次有大人相名
구시위십팔차유대인상명

覺佛種性雲無量寶光以爲
각불종성운무량보광이위

莊嚴具足千輪內外淸淨從
장엄구족천륜내외청정종

於往昔善根所生其光徧照
어왕석선근소생기광변조

十方世界發明智日宣布法
시방세계발명지일선포법

海是爲十九次有大人相名
해시위십구차유대인상명

現一切如來相自在雲衆寶
현일체여래상자재운중보

一 일	爲 위	無 무	在 재	等 등	大 대	瓔 영
切 체	二 이	畏 외	無 무	一 일	寶 보	珞 락
法 법	十 십	色 색	量 량	切 체	焰 염	瑠 류
界 계	次 차	相 상	諸 제	佛 불	充 충	璃 리
雲 운	有 유	智 지	佛 불	刹 찰	滿 만	寶 보
如 여	大 대	慧 혜	如 여	微 미	法 법	華 화
來 래	人 인	皆 개	師 사	塵 진	界 계	以 이
寶 보	相 상	悉 실	子 자	數 수	於 어	爲 위
相 상	名 명	具 구	王 왕	去 거	中 중	莊 장
淸 청	徧 변	足 족	勇 용	來 래	普 보	嚴 엄
淨 정	照 조	是 시	猛 맹	現 현	現 현	舒 서

莊嚴放大光明普照法界顯
장엄방대광명보조법계현

現一切無量無邊諸佛菩薩
현일체무량무변제불보살

智慧妙藏是爲二十一次有
지혜묘장시위이십일차유

大人相名毘盧遮那如來相
대인상명비로자나여래상

雲上妙寶華及毘瑠璃淸淨
운상묘보화급비유리청정

妙月以爲莊嚴悉放無量百
묘월이위장엄실방무량백

千萬億摩尼寶光充滿一切
천만억마니보광충만일체

사경의 공덕은 십만억 부처님께 공양한 것과 같은 공덕이 있습니다.

虛空法界於中示現無量佛
허공법계어중시현무량불

刹皆有如來結跏趺坐是爲
찰개유여래결가부좌시위

二十二次有大人相名普照
이십이차유대인상명보조

一切佛光明雲衆寶妙燈以
일체불광명운중보묘등이

爲莊嚴放淨光明徧照十方
위장엄방정광명변조시방

一切世界悉現諸佛轉於法
일체세계실현제불전어법

輪是爲二十三次有大人相
륜시위이십삼차유대인상

尼 니	相 상	道 도	說 설	法 법	焰 염	名 명
寶 보	名 명	場 장	一 일	界 계	以 이	普 보
海 해	出 출	是 시	切 체	念 염	爲 위	現 현
上 상	一 일	爲 위	諸 제	念 념	莊 장	一 일
妙 묘	切 체	二 이	佛 불	常 상	嚴 엄	切 체
栴 전	法 법	十 십	與 여	現 현	放 방	莊 장
檀 단	界 계	四 사	諸 제	不 불	淨 정	嚴 엄
以 이	音 음	次 차	菩 보	可 가	光 광	雲 운
爲 위	聲 성	有 유	薩 살	說 설	明 명	種 종
莊 장	雲 운	大 대	坐 좌	不 불	充 충	種 종
嚴 엄	摩 마	人 인	於 어	可 가	滿 만	寶 보

佛 불	一 일	來 래	相 상	業 업	演 연	舒 서
所 소	切 체	淨 정	名 명	海 해	微 미	大 대
有 유	世 세	眼 안	普 보	是 시	妙 묘	焰 염
一 일	界 계	以 이	照 조	爲 위	音 음	網 망
切 체	於 어	爲 위	諸 제	二 이	聲 성	充 충
莊 장	中 중	莊 장	佛 불	十 십	示 시	滿 만
嚴 엄	普 보	嚴 엄	變 변	五 오	諸 제	法 법
之 지	現 현	光 광	化 화	次 차	衆 중	界 계
具 구	去 거	照 조	輪 륜	有 유	生 생	其 기
復 부	來 래	十 시	雲 운	大 대	一 일	中 중
出 출	今 금	方 방	如 여	人 인	切 체	普 보

如 여	次 차	如 여	界 계	照 조	爲 위	妙 묘
來 래	有 유	來 래	盡 진	佛 불	二 이	音 음
廣 광	大 대	結 결	于 우	海 해	十 십	演 연
大 대	人 인	跏 가	法 법	雲 운	六 육	不 불
光 광	相 상	趺 부	界 계	其 기	次 차	思 사
明 명	名 명	坐 좌	無 무	光 광	有 유	議 의
普 보	寶 보	是 시	所 소	普 보	大 대	廣 광
照 조	燈 등	爲 위	障 장	照 조	人 인	大 대
十 시	雲 운	二 이	礙 애	一 일	相 상	法 법
方 방	放 방	十 십	悉 실	切 체	名 명	海 해
一 일	於 어	七 칠	有 유	世 세	光 광	是 시

切(체) 法(법) 界(계) 於(어) 中(중) 普(보) 現(현) 一(일) 切(체) 諸(제) 佛(불)
及(급) 諸(제) 菩(보) 薩(살) 不(불) 可(가) 思(사) 議(의) 諸(제) 衆(중) 生(생)
海(해) 是(시) 爲(위) 二(이) 十(십) 八(팔) 次(차) 有(유) 大(대) 人(인) 相(상)
名(명) 法(법) 界(계) 無(무) 差(차) 別(별) 雲(운) 放(방) 於(어) 如(여) 來(래)
大(대) 智(지) 光(광) 明(명) 普(보) 照(조) 十(시) 方(방) 諸(제) 佛(불) 國(국)
土(토) 一(일) 切(체) 菩(보) 薩(살) 道(도) 場(량) 衆(중) 會(회) 無(무) 量(량)
法(법) 海(해) 於(어) 中(중) 普(보) 現(현) 種(종) 種(종) 神(신) 通(통) 復(부)

出(출)妙(묘)音(음)隨(수)諸(제)衆(중)生(생)心(심)之(지)所(소)樂(락)
演(연)說(설)普(보)賢(현)菩(보)薩(살)行(행)願(원)令(영)其(기)迴(회)
向(향)是(시)爲(위)二(이)十(십)九(구)次(차)有(유)大(대)人(인)相(상)
名(명)安(안)住(주)一(일)切(체)世(세)界(계)海(해)普(보)照(조)雲(운)
放(방)寶(보)光(광)明(명)充(충)滿(만)一(일)切(체)虛(허)空(공)法(법)
界(계)於(어)中(중)普(보)現(현)淨(정)妙(묘)道(도)場(량)及(급)佛(불)
菩(보)薩(살)莊(장)嚴(엄)身(신)相(상)令(영)其(기)見(견)者(자)得(득)

사경의 공덕은 십만억 부처님께 공양한 것과 같은 공덕이 있습니다.

無所見是爲三十次有大人
무소견시위삼십차유대인

名一切寶淸淨光焰雲放於
명일체보청정광염운방어

無量諸佛菩薩摩尼妙寶淸
무량제불보살마니묘보청

淨光明普照十方一切法界
정광명보조시방일체법계

於中普現諸菩薩海莫不具
어중보현제보살해막불구

足如來神力常遊十方盡虛
족여래신력상유시방진허

空界一切刹網是爲三十一
공계일체찰망시위삼십일

如 여	道 도	念 념	莊 장	起 기	界 계	次 차
來 래	場 량	常 상	嚴 엄	閻 염	莊 장	有 유
頂 정	衆 중	現 현	放 방	浮 부	嚴 엄	大 대
上 상	會 회	一 일	淨 정	檀 단	雲 운	人 인
有 유	是 시	切 체	光 광	金 금	最 최	相 상
如 여	爲 위	世 세	雲 운	因 인	處 처	名 명
是 시	三 삼	界 계	充 충	陀 다	於 어	普 보
三 삼	十 십	諸 제	滿 만	羅 라	中 중	照 조
十 십	二 불	佛 불	法 법	網 망	漸 점	一 일
二 이	佛 이	菩 보	界 계	以 이	次 차	切 체
種 종	子 자	薩 살	念 염	爲 위	隆 룽	法 법

大人相以爲嚴好
佛子如來眉間有大人相
名徧法界光明雲摩尼寶華
以爲莊嚴放大光明具衆寶
色猶如日月洞徹清淨其光
普照十方國土於中顯現一
切佛身復出妙音宣暢法海

(대인상 이위엄호
불자 여래미간 유대인상
명변법계광명운 마니보화
이위장엄 방대광명 구중보
색 유여일월 통철청정 기광
보조시방국토 어중현현일
체불신 부출묘음 선창법해)

사경의 공덕은 십만억 부처님께 공양한 것과 같은 공덕이 있습니다.

是爲三十三如來眼有大人
시위삼십삼여래안유대인
相名自在普見雲以衆妙寶
상명자재보견운이중묘보
而爲莊嚴摩尼寶光淸淨暎
이위장엄마니보광청정영
徹普見一切皆無障礙是爲
철보견일체개무장애시위
三十四如來鼻有大人相名
삼십사여래비유대인상명
一切神通智慧雲淸淨妙寶
일체신통지혜운청정묘보
以爲莊嚴衆寶色光彌覆其
이위장엄중보색광미부기

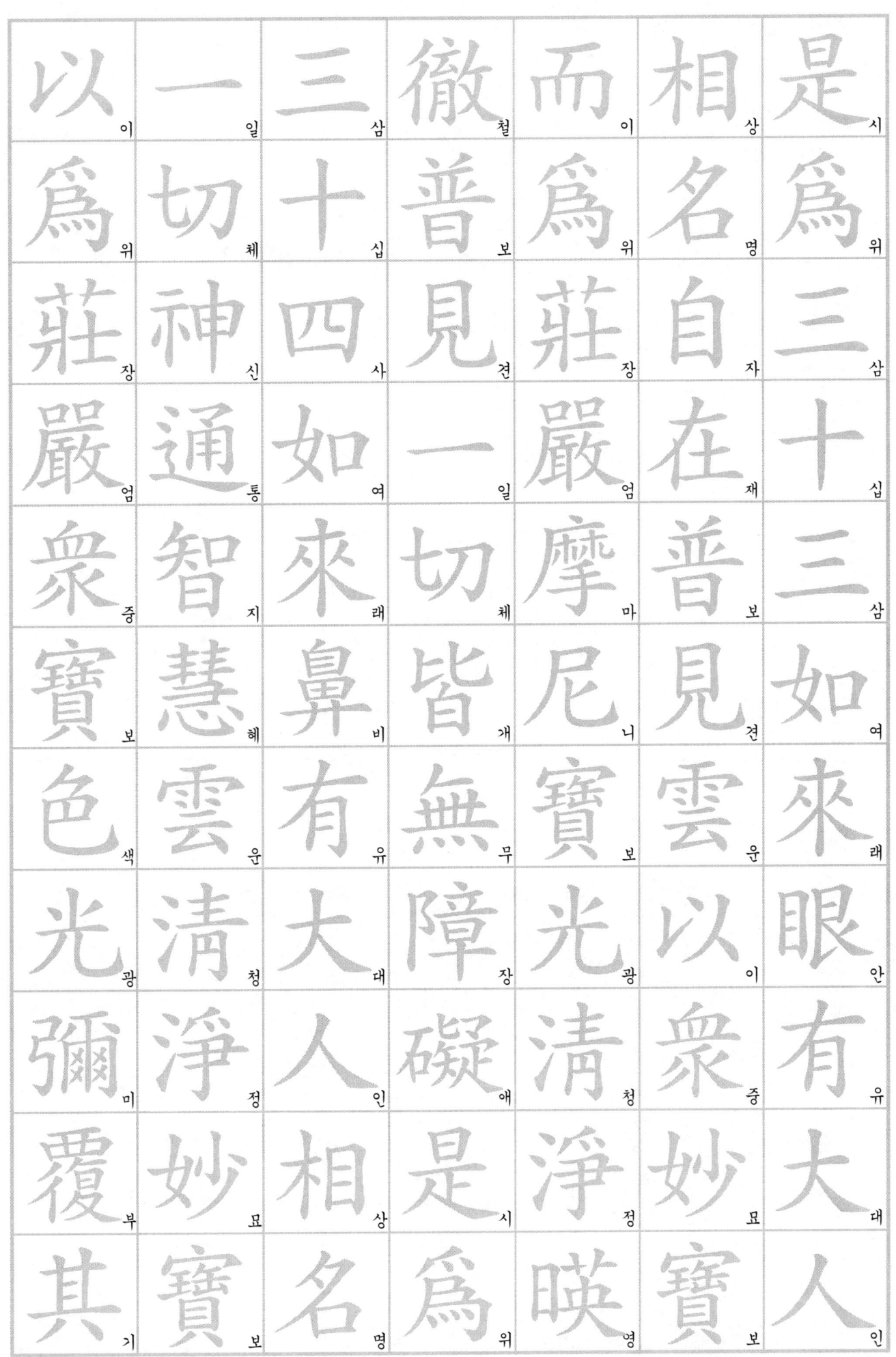

上於中出現無量化佛坐寶
상어중출현무량화불좌보

蓮華往諸世界爲一切菩薩
련화왕제세계위일체보살

一切衆生演不思議諸佛法
일체중생연불사의제불법

海是爲三十五如來舌有大
해시위삼십오여래설유대

人相名示現音聲影像雲衆
인상명시현음성영상운중

色妙寶以爲莊嚴宿世善根
색묘보이위장엄숙세선근

之所成就其舌廣長徧覆一
지소성취기설광장변부일

사경의 공덕은 십만억 부처님께 공양한 것과 같은 공덕이 있습니다.

切(체)諸(제)世(세)界(계)海(해)如(여)來(래)若(약)或(혹)熙(희)怡(이)

微(미)笑(소)必(필)放(방)一(일)切(체)摩(마)尼(니)寶(보)光(광)其(기)

光(광)普(보)照(조)十(시)方(방)法(법)界(계)能(능)令(령)一(일)切(체)

心(심)得(득)淸(청)淨(정)去(거)來(래)現(현)在(재)所(소)有(유)諸(제)

佛(불)皆(개)於(어)光(광)中(중)炳(병)然(연)顯(현)現(현)悉(실)演(연)

廣(광)大(대)微(미)妙(묘)之(지)音(음)偏(변)一(일)切(체)刹(찰)住(주)

無(무)量(량)劫(겁)是(시)爲(위)三(삼)十(십)六(육)如(여)來(래)舌(설)

사경의 공덕은 십만억 부처님께 공양한 것과 같은 공덕이 있습니다.

復(부) 有(유) 大(대) 人(인) 相(상) 名(명) 法(법) 界(계) 雲(운) 其(기) 掌(장)

安(안) 平(평) 衆(중) 寶(보) 爲(위) 嚴(엄) 放(방) 妙(묘) 寶(보) 光(광) 色(색)

相(상) 圓(원) 滿(만) 猶(유) 如(여) 眉(미) 間(간) 所(소) 放(방) 光(광) 明(명)

其(기) 光(광) 普(보) 照(조) 一(일) 切(체) 佛(불) 刹(찰) 唯(유) 塵(진) 所(소)

成(성) 無(무) 有(유) 自(자) 性(성) 光(광) 中(중) 復(부) 現(현) 無(무) 量(량)

諸(제) 佛(불) 咸(함) 發(발) 妙(묘) 音(음) 說(설) 一(일) 切(체) 法(법) 是(시)

爲(위) 三(삼) 十(십) 七(칠) 如(여) 來(래) 舌(설) 端(단) 有(유) 大(대) 人(인)

사경의 공덕은 십만억 부처님께 공양한 것과 같은 공덕이 있습니다.

不 불	法 법	一 일	震 진	寶 보	王 왕	相 상
忘 망	聽 청	一 일	妙 묘	焰 염	以 이	名 명
是 시	者 자	音 음	音 음	於 어	爲 위	照 조
爲 위	心 심	中 중	充 충	中 중	莊 장	法 법
三 삼	悅 열	具 구	滿 만	影 영	嚴 엄	界 계
十 십	經 경	一 일	一 일	現 현	自 자	光 광
八 팔	無 무	切 체	切 체	一 일	然 연	明 명
如 여	量 량	音 음	無 무	切 체	恒 항	雲 운
來 래	劫 겁	悉 실	邊 변	佛 불	出 출	如 여
舌 설	玩 완	演 연	世 세	海 해	金 금	意 의
端 단	味 미	妙 묘	界 계	復 부	色 색	寶 보

薩 살	各 각	中 중	國 국	相 상	摩 마	復 부
現 현	吐 토	悉 실	土 토	微 미	尼 니	有 유
前 전	妙 묘	有 유	盡 진	妙 묘	寶 보	大 대
聽 청	音 음	無 무	于 우	光 광	王 왕	人 인
受 수	種 종	量 량	法 법	明 명	以 이	相 상
是 시	種 종	諸 제	界 계	充 충	爲 위	名 명
爲 위	開 개	佛 불	靡 미	滿 만	嚴 엄	照 조
三 삼	示 시	及 급	不 불	十 시	飾 식	耀 요
十 십	一 일	諸 제	淸 청	方 방	演 연	法 법
九 구	切 체	菩 보	淨 정	無 무	衆 중	界 계
	菩 보	薩 살	於 어	量 량	色 색	雲 운

사경의 공덕은 십만억 부처님께 공양한 것과 같은 공덕이 있습니다.

如來口上齶有大人相名
여래구상악유대인상명

示現不思議法界雲因陀羅
시현불사의법계운인다라

寶毘瑠璃寶以爲莊嚴放香
보비유리보이위장엄방향

燈焰清淨光雲充滿十方一
등염청정광운충만시방일

切法界示現種種神通方便
체법계시현종종신통방편

普於一切諸世界海開演甚
보어일체제세계해개연심

深不思議法是爲四十如來
심불사의법시위사십여래

口右輔下牙有大人相名佛
구우보하아유대인상명불

牙雲衆寶摩尼卍字相輪以
아운중보마니만자상륜이

爲莊嚴放大光明普照法界
위장엄방대광명보조법계

於中普現一切佛身周流十
어중보현일체불신주류시

方開悟群生是爲四十一如
방개오군생시위사십일여

來口右輔上牙有大人相名
래구우보상아유대인상명

寶焰彌盧藏雲摩尼寶藏以
보염미로장운마니보장이

舒 서	相 상	二 이	方 방	一 일	明 명	爲 위
華 화	名 명	如 여	世 세	切 체	一 일	莊 장
發 발	寶 보	來 래	界 계	諸 제	一 일	嚴 엄
香 향	燈 등	口 구	淨 정	佛 불	光 광	放 방
以 이	普 보	左 좌	妙 묘	神 신	明 명	金 금
爲 위	照 조	輔 보	道 도	力 력	充 충	剛 강
莊 장	雲 운	下 하	場 량	復 부	滿 만	香 향
嚴 엄	一 일	牙 아	是 시	現 현	法 법	焰 염
放 방	切 체	有 유	爲 위	一 일	界 계	淸 청
燈 등	妙 묘	大 대	四 사	切 체	示 시	淨 정
焰 염	寶 보	人 인	十 십	十 시	現 현	光 광

雲(운) 清(청) 淨(정) 光(광) 明(명) 充(충) 滿(만) 一(일) 切(체) 諸(제) 世(세)

界(계) 海(해) 於(어) 中(중) 顯(현) 現(현) 一(일) 切(체) 諸(제) 佛(불) 坐(좌)

蓮(련) 華(화) 藏(장) 師(사) 子(자) 之(지) 座(좌) 諸(제) 菩(보) 薩(살) 衆(중)

所(소) 共(공) 圍(위) 遶(요) 是(시) 爲(위) 四(사) 十(십) 三(삼) 如(여) 來(래)

口(구) 左(좌) 輔(보) 上(상) 牙(아) 有(유) 大(대) 人(인) 相(상) 名(명) 照(조)

現(현) 如(여) 來(래) 雲(운) 清(청) 淨(정) 光(광) 明(명) 閻(염) 浮(부) 檀(단)

金(금) 寶(보) 網(망) 寶(보) 華(화) 以(이) 爲(위) 莊(장) 嚴(엄) 放(방) 大(대)

焰輪充滿法界於中普現一
염륜충만법계어중보현일

切諸佛以神通力於虛空中
체제불이신통력어허공중

流布法乳法燈法寶敎化一
유포법유법등법보교화일

切諸菩薩衆是爲四十四
체제보살중시위사십사

如來齒有大人相名普現
여래치유대인상명보현

光明雲一一齒間相海莊嚴
광명운일일치간상해장엄

若微笑時悉放光明具衆寶
약미소시실방광명구중보

色摩尼寶焰右旋宛轉流布
색마니보염우선완전유포

法界靡不充滿演佛言音說
법계미불충만연불언음설

普賢行是爲四十五如來脣
보현행시위사십오여래순

有大人相名影現一切寶光
유대인상명영현일체보광

雲放閻浮檀眞金色蓮華色
운방염부단진금색연화색

一切寶色廣大光明照于法
일체보색광대광명조우법

界悉令淸淨是爲四十六如
계실령청정시위사십육여

來래 頸경 有유 大대 人인 相상 名명 普보 照조 一일 切체

世세 界계 雲운 摩마 尼니 寶보 王왕 以이 爲위 莊장 嚴엄

紺감 蒲포 成성 就취 柔유 軟연 細세 滑활 放방 毘비 盧로

遮자 那나 清청 淨정 光광 明명 充충 滿만 十시 方방 一일

切체 世세 界계 於어 中중 普보 現현 一일 切체 諸제 佛불

是시 爲위 四사 十십 七칠 如여 來래 右우 肩견 有유 大대

人인 相상 名명 佛불 廣광 大대 一일 切체 寶보 雲운 放방

中 중	浮 부	勝 승	如 여	普 보	明 명	一 일
普 보	金 금	寶 보	來 래	現 현	成 성	切 체
現 현	放 방	普 보	右 우	一 일	寶 보	寶 보
一 일	摩 마	照 조	肩 견	切 체	焰 염	色 색
切 체	尼 니	雲 운	復 부	菩 보	網 망	眞 진
菩 보	光 광	其 기	有 유	薩 살	普 보	金 금
薩 살	充 충	色 색	大 대	是 시	照 조	色 색
是 시	滿 만	清 청	人 인	爲 위	法 법	蓮 연
爲 위	法 법	淨 정	相 상	四 사	界 계	華 화
四 사	界 계	如 여	名 명	十 십	於 어	色 색
十 십	於 어	閻 염	最 최	八 팔	中 중	光 광

사경의 공덕은 십만억 부처님께 공양한 것과 같은 공덕이 있습니다.

九(구)如(여)來(래)左(좌)肩(견)有(유)大(대)人(인)相(상)名(명)最(최)
勝(승)光(광)照(조)法(법)界(계)雲(운)猶(유)如(여)頂(정)上(상)及(급)
以(이)眉(미)間(간)種(종)種(종)莊(장)嚴(엄)放(방)閻(염)浮(부)檀(단)
金(금)及(급)蓮(련)華(화)色(색)衆(중)寶(보)光(광)明(명)成(성)大(대)
焰(염)網(망)充(충)滿(만)法(법)界(계)於(어)中(중)示(시)現(현)一(일)
切(체)神(신)力(력)是(시)爲(위)五(오)十(십)如(여)來(래)左(좌)肩(견)
復(부)有(유)大(대)人(인)相(상)名(명)光(광)明(명)徧(변)照(조)雲(운)

기(其)상(相)우(右)선(旋)염(閻)부(浮)단(檀)금(金)색(色)마(摩)니(尼)
보(寶)왕(王)이(以)위(爲)장(莊)엄(嚴)방(放)중(衆)보(寶)화(華)향(香)
염(焰)광(光)명(明)충(充)만(滿)법(法)계(界)어(於)중(中)보(普)현(現)
일(一)체(切)제(諸)불(佛)급(及)이(以)일(一)체(切)엄(嚴)정(淨)국(國)
토(土)시(是)위(爲)오(五)십(十)일(一)여(如)래(來)좌(左)견(肩)부(復)
유(有)대(大)인(人)상(相)명(名)보(普)조(照)요(耀)운(雲)기(其)상(相)
우(右)선(旋)미(微)밀(密)장(莊)엄(嚴)방(放)불(佛)등(燈)염(焰)운(雲)

法 계	一 체	海 운	有 대	妙 묘	現 현	清 청
界 보	切 보	雲 마	大 인	好 호	一 일	淨 정
普 령	寶 색	摩 니	人 상	是 시	切 체	光 광
令 청	色 종	尼 보	相 형	爲 위	菩 보	明 명
清 정	種 종	寶 화	形 여	五 오	薩 살	充 충
淨 부	種 광	華 이	如 만	十 십	種 종	徧 변
復 출	光 염	以 위	卍 자	二 여	種 종	法 법
出 묘	焰 륜	爲 장	字 명	如 래	莊 장	界 계
妙 음	輪 충	莊 엄	名 길	來 흉	嚴 엄	於 어
音 선	充 만	嚴 방	吉 상	胸 억	悉 실	中 중
宣 창	滿 법	放 일	祥 해	臆 유	皆 개	顯 현

名 명	四 사	中 중	莊 장	示 시		暢 법
普 보	吉 길	普 보	嚴 엄	現 현	吉 길	法 해
現 현	祥 상	現 현	放 방	光 광	祥 상	海 시
如 여	相 상	無 무	大 대	照 조	相 상	是 위
來 래	右 우	量 량	光 광	雲 운	右 우	爲 오
雲 운	邊 변	諸 제	輪 륜	因 인	邊 변	五 십
以 이	復 부	佛 불	充 충	陀 다	有 유	十 삼
諸 제	有 유	是 시	滿 만	羅 라	大 대	三
菩 보	大 대	爲 위	法 법	網 망	人 인	
薩 살	人 인	五 오	界 계	以 이	相 상	
摩 마	相 상	十 십	於 어	爲 위	名 명	

사경의 공덕은 십만억 부처님께 공양한 것과 같은 공덕이 있습니다.

尼(니) 寶(보) 冠(관) 而(이) 爲(위) 莊(장) 嚴(엄) 放(방) 大(대) 光(광) 明(명)

普(보) 照(조) 十(시) 方(방) 一(일) 切(체) 世(세) 界(계) 悉(실) 令(령) 清(청)

淨(정) 於(어) 中(중) 示(시) 現(현) 去(거) 來(래) 今(금) 佛(불) 坐(좌) 於(어)

道(도) 場(량) 普(보) 現(현) 神(신) 力(력) 廣(광) 宣(선) 法(법) 海(해) 是(시)

爲(위) 五(오) 十(십) 五(오) 吉(길) 祥(상) 相(상) 右(우) 邊(변) 復(부) 有(유)

大(대) 人(인) 相(상) 名(명) 開(개) 敷(부) 華(화) 雲(운) 摩(마) 尼(니) 寶(보)

華(화) 以(이) 爲(위) 莊(장) 嚴(엄) 放(방) 寶(보) 香(향) 焰(염) 燈(등) 清(청)

사경의 공덕은 십만억 부처님께 공양한 것과 같은 공덕이 있습니다.

淨光明狀如蓮華充滿世界
정광명상여련화충만세계

是爲五十六吉祥相右邊復
시위오십육길상상우변부

有大人相名可悅樂金色雲
유대인상명가열락금색운

以一切寶心王藏摩尼王而
이일체보심왕장마니왕이

爲莊嚴放淨光明照于法界
위장엄방정광명조우법계

於中普現猶如佛眼廣大光
어중보현유여불안광대광

明摩尼寶藏是爲五十七吉
명마니보장시위오십칠길

祥相右邊復有大人相名佛
상상우변부유대인상명불

海雲毘瑠璃寶香燈華鬘以
해운비유리보향등화만이

爲莊嚴放滿虛空摩尼寶王
위장엄방만허공마니보왕

香燈大焰清淨光明充滿十
향등대염청정광명충만시

方一切國土於中普現道場
방일체국토어중보현도량

衆會是爲五十八吉祥相左
중회시위오십팔길상상좌

邊有大人相名示現光明雲
변유대인상명시현광명운

徧 변	相 상	演 연	中 중	光 광	嚴 엄	無 무
法 법	左 좌	說 설	示 시	明 명	放 방	數 수
界 계	邊 변	諸 제	現 현	普 보	摩 마	菩 보
光 광	復 부	法 법	無 무	淨 정	尼 니	薩 살
明 명	有 유	是 시	量 량	一 일	王 왕	坐 좌
雲 운	大 대	爲 위	諸 제	切 체	種 종	寶 보
摩 마	人 인	五 오	佛 불	諸 제	種 종	蓮 련
尼 니	相 상	十 십	及 급	法 법	間 간	華 화
寶 보	名 명	九 구	佛 불	界 계	錯 착	以 이
海 해	示 시	吉 길	妙 묘	海 해	寶 보	爲 위
以 이	現 현	祥 상	音 음	於 어	焰 염	莊 장

一 일	滿 만	輪 륜	名 명	十 십	於 어	爲 위
切 체	法 법	鬘 만	普 보	吉 길	中 중	莊 장
世 세	界 계	而 이	勝 승	祥 상	普 보	嚴 엄
界 계	諸 제	爲 위	雲 운	相 상	現 현	放 방
一 일	世 세	莊 장	日 일	左 좌	諸 제	大 대
切 체	界 계	嚴 엄	光 광	邊 변	菩 보	光 광
如 여	海 해	放 방	明 명	復 부	薩 살	明 명
來 래	於 어	大 대	摩 마	有 유	衆 중	徧 변
一 일	中 중	光 광	尼 니	大 대	是 시	一 일
切 체	示 시	焰 염	王 왕	人 인	爲 위	切 체
衆 중	現 현	充 충	寶 보	相 상	六 육	刹 찰

相 상	及 급	中 중	莊 장	雲 운	復 부	生 생
左 좌	以 이	普 보	嚴 엄	一 일	有 유	是 시
邊 변	心 심	現 현	放 방	切 체	大 대	爲 위
復 부	海 해	一 일	大 대	法 법	人 인	六 육
有 유	是 시	切 체	光 광	燈 등	相 상	十 십
大 대	爲 위	諸 제	明 명	清 청	名 명	一 일
人 인	六 육	佛 불	充 충	淨 정	轉 전	吉 길
相 상	十 십	所 소	滿 만	香 향	法 법	祥 상
名 명	二 이	有 유	法 법	蘂 예	輪 륜	相 상
莊 장	吉 길	相 상	界 계	以 이	妙 묘	左 좌
嚴 엄	祥 상	海 해	於 어	爲 위	音 음	邊 변

雲(운) 以(이) 去(거) 來(래) 今(금) 一(일) 切(체) 佛(불) 海(해) 而(이) 爲(위)
莊(장) 嚴(엄) 放(방) 淨(정) 光(광) 明(명) 嚴(엄) 淨(정) 一(일) 切(체) 諸(제)
佛(불) 國(국) 土(토) 於(어) 中(중) 普(보) 現(현) 十(시) 方(방) 一(일) 切(체)
諸(제) 佛(불) 菩(보) 薩(살) 及(급) 佛(불) 菩(보) 薩(살) 所(소) 行(행) 之(지)
行(행) 是(시) 爲(위) 六(육) 十(십) 三(삼)
如(여) 來(래) 右(우) 手(수) 有(유) 大(대) 人(인) 相(상) 名(명) 海(해)
照(조) 雲(운) 衆(중) 寶(보) 莊(장) 嚴(엄) 恒(항) 放(방) 月(월) 焰(염) 淸(청)

淨光明充滿虛空一切世界
정광명충만허공일체세계

發大音聲歎美一切諸菩薩
발대음성탄미일체제보살

行是爲六十四如來右手復
행시위육십사여래우수부

有大人相名影現照耀雲以
유대인상명영현조요운이

毘瑠璃帝青摩尼寶華而爲
비유리제청마니보화이위

莊嚴放大光明普照十方菩
장엄방대광명보조시방보

薩所住蓮華藏摩尼藏等一
살소주연화장마니장등일

於 어	爲 위	鬘 만	來 래	切 체	以 이	切 체
中 중	莊 장	普 보	右 우	十 시	淨 정	世 세
普 보	嚴 엄	嚴 엄	手 수	方 방	法 법	界 계
現 현	放 방	淨 정	復 부	國 국	身 신	於 어
諸 제	大 대	雲 운	有 유	土 토	坐 좌	中 중
菩 보	光 광	毘 비	大 대	是 시	菩 보	悉 실
薩 살	明 명	盧 로	人 인	爲 위	提 리	現 현
衆 중	成 성	遮 차	相 상	六 육	樹 수	無 무
咸 함	變 변	那 나	名 명	十 십	震 진	量 량
戴 대	化 화	寶 보	燈 등	五 오	動 동	諸 제
寶 보	網 망	以 이	焰 염	如 여	一 일	佛 불

冠관 演연 諸제 行행 海해 是시 爲위 六육 十십 六육 如여

來래 右우 手수 復부 有유 大대 人인 相상 名명 普보 現현

一일 切체 摩마 尼니 雲운 蓮연 華화 焰염 燈등 而이 爲위

莊장 嚴엄 放방 海해 藏장 光광 充충 滿만 法법 界계 於어

中중 普보 現현 無무 量량 諸제 佛불 坐좌 蓮련 華화 座좌

是시 爲위 六육 十십 七칠 如여 來래 右우 手수 復부 有유

大대 人인 相상 名명 光광 明명 雲운 摩마 尼니 焰염 海해

色 색	妙 묘	相 상	爲 위	界 계	焰 염	以 이
光 광	色 색	名 명	六 육	網 망	清 청	爲 위
明 명	以 이	毘 비	十 십	於 어	淨 정	莊 장
念 염	爲 위	瑠 유	八 팔	中 중	光 광	嚴 엄
念 념	莊 장	璃 리	如 여	普 보	明 명	放 방
常 상	嚴 엄	清 청	來 래	現 현	充 충	衆 중
現 현	放 방	淨 정	左 좌	諸 제	滿 만	寶 보
一 일	於 어	燈 등	手 수	佛 불	一 일	焰 염
切 체	如 여	雲 운	有 유	道 도	切 체	香 향
上 상	來 래	寶 보	大 대	場 량	諸 제	焰 염
妙 묘	金 금	地 지	人 인	是 시	世 세	華 화

有 유	世 세	金 금	金 금	智 지	左 좌	莊 장
大 대	界 계	淸 청	剛 강	慧 혜	手 수	嚴 엄
人 인	是 시	淨 정	華 화	燈 등	復 부	之 지
相 상	爲 위	光 광	而 이	音 음	有 유	具 구
名 명	七 칠	明 명	爲 위	聲 성	大 대	是 시
安 안	十 십	普 보	莊 장	雲 운	人 인	爲 위
住 주	如 여	照 조	嚴 엄	以 이	相 상	六 육
寶 보	來 래	十 시	放 방	因 인	名 명	十 십
蓮 련	左 좌	方 방	閻 염	陀 다	一 일	九 구
華 화	手 수	一 일	浮 부	羅 라	切 체	如 여
光 광	復 부	切 체	檀 단	網 망	刹 찰	來 래

明雲衆寶妙華以爲莊嚴放
명운중보묘화이위장엄방

大光明如須彌燈普照十方
대광명여수미등보조시방

一切世界是爲七十一如來
일체세계시위칠십일여래

左手復有大人相名徧照法
좌수부유대인상명변조법

界雲以妙寶鬘寶輪寶瓶因
계운이묘보만보륜보병인

陀羅網及衆妙相以爲莊嚴
다라망급중묘상이위장엄

放大光明普照十方一切國
방대광명보조시방일체국

土於中示現一切法界一切
토어중시현일체법계일체

世界海一切如來坐蓮華座
세계해일체여래좌련화좌

是爲七十二如來右手指有
시위칠십이여래우수지유

大人相名現諸劫刹海旋雲
대인상명현제겁찰해선운

水月焰藏摩尼王一切寶華
수월염장마니왕일체보화

以爲莊嚴放大光明充滿法
이위장엄방대광명충만법

界其中恒出微妙音聲滿十
계기중항출미묘음성만십

方刹是爲七十三如來左手
방찰시위칠십삼여래좌수

指有大人相名安住一切寶
지유대인상명안주일체보

雲以帝青金剛寶而爲莊嚴
운이제청금강보이위장엄

放摩尼王衆寶光明充滿法
방마니왕중보광명충만법

界其中普現一切諸佛及諸
계기중보현일체제불급제

菩薩是爲七十四如來右手
보살시위칠십사여래우수

掌有大人相名照耀雲以摩
장유대인상명조요운이마

사경의 공덕은 십만억 부처님께 공양한 것과 같은 공덕이 있습니다.

尼(니) 王(왕) 千(천) 輻(폭) 寶(보) 輪(륜) 而(이) 爲(위) 莊(장) 嚴(엄) 放(방)
寶(보) 光(광) 明(명) 其(기) 光(광) 右(우) 旋(선) 充(충) 滿(만) 法(법) 界(계)
於(어) 中(중) 普(보) 現(현) 一(일) 切(체) 諸(제) 佛(불) 一(일) 一(일) 佛(불)
身(신) 光(광) 焰(염) 熾(치) 然(연) 說(설) 法(법) 度(도) 人(인) 淨(정) 諸(제)
世(세) 界(계) 是(시) 爲(위) 七(칠) 十(십) 五(오) 如(여) 來(래) 左(좌) 手(수)
掌(장) 有(유) 大(대) 人(인) 相(상) 名(명) 焰(염) 輪(륜) 普(보) 增(증) 長(장)
化(화) 現(현) 法(법) 界(계) 道(도) 場(량) 雲(운) 以(이) 日(일) 光(광) 摩(마)

尼(니) 王(왕) 千(천) 輻(폭) 輪(륜) 而(이) 爲(위) 莊(장) 嚴(엄) 放(방) 大(대)
光(광) 明(명) 充(충) 滿(만) 一(일) 切(체) 諸(제) 世(세) 界(계) 海(해) 於(어)
中(중) 示(시) 現(현) 一(일) 切(체) 菩(보) 薩(살) 演(연) 說(설) 普(보) 賢(현)
所(소) 有(유) 行(행) 海(해) 普(보) 入(입) 一(일) 切(체) 諸(제) 佛(불) 國(국)
土(토) 各(각) 各(각) 開(개) 悟(오) 無(무) 量(량) 衆(중) 生(생) 是(시) 爲(위)
七(칠) 十(십) 六(육) 如(여) 來(래) 陰(음) 藏(장) 有(유) 大(대) 人(인) 相(상)
名(명) 普(보) 流(유) 出(출) 佛(불) 音(음) 聲(성) 雲(운) 一(일) 切(체) 妙(묘)

摩 마	大 대	徧 변	一 일	照 조	光 광	寶 보
尼 니	人 인	是 시	切 체	一 일	明 명	以 이
寶 보	相 상	爲 위	諸 제	切 체	其 기	爲 위
以 이	名 명	七 칠	佛 불	虛 허	光 광	莊 장
爲 위	寶 보	十 십	遊 유	空 공	熾 치	嚴 엄
莊 장	燈 등	七 칠	行 행	法 법	盛 성	放 방
嚴 엄	鬘 만	如 여	往 왕	界 계	具 구	摩 마
放 방	普 보	來 래	來 래	其 기	衆 중	尼 니
不 불	照 조	右 우	處 처	中 중	寶 보	燈 등
思 사	雲 운	臀 둔	處 처	普 보	色 색	華 화
議 의	諸 제	有 유	周 주	現 현	普 보	焰 염

虛 허	示 시	十 십	悉 실	能 능	界 계	寶 보
空 공	現 현	八 팔	現 현	出 출	與 여	焰 염
雲 운	一 일	如 여	諸 제	生 생	虛 허	光 광
猶 유	切 체	來 래	佛 불	一 일	空 공	明 명
如 여	法 법	左 좌	自 자	切 체	法 법	彌 미
蓮 련	界 계	臀 둔	在 재	諸 제	界 계	布 포
華 화	海 해	有 유	神 신	相 상	同 동	十 시
淸 청	光 광	大 대	變 변	一 일	爲 위	方 방
淨 정	明 명	人 인	是 시	一 일	一 일	一 일
妙 묘	彌 미	相 상	爲 위	相 상	相 상	切 체
寶 보	覆 부	名 명	七 칠	中 중	而 이	法 법

사경의 공덕은 십만억 부처님께 공양한 것과 같은 공덕이 있습니다.

於 어	下 하	摩 마	有 유	相 상	方 방	以 이
一 일	相 상	尼 니	大 대	雲 운	一 일	爲 위
念 념	稱 칭	而 이	人 인	是 시	切 체	嚴 엄
中 중	放 방	爲 위	相 상	爲 위	法 법	飾 식
能 능	摩 마	莊 장	名 명	七 칠	界 계	放 방
普 보	尼 니	嚴 엄	普 보	十 십	於 어	光 광
示 시	焰 염	其 기	現 현	九 구	中 중	明 명
現 현	妙 묘	陛 폐	雲 운	如 여	普 보	網 망
一 일	法 법	與 여	以 이	來 래	現 현	徧 변
切 체	光 광	腨 천	衆 중	右 우	種 종	照 조
寶 보	明 명	上 상	色 색	陛 폐	種 종	十 시

王遊步相海是爲八十如來
왕유보상해시위팔십여래

左陛有大人相名現一切佛
좌폐유대인상명현일체불

無量相海雲一切寶海隨順
무량상해운일체보해수순

安住以爲莊嚴廣大遊行放
안주이위장엄광대유행방

淨光明普照衆生悉使希求
정광명보조중생실사희구

無上佛法是爲八十一如來
무상불법시위팔십일여래

右邊伊尼延鹿王腨有大人
우변이니연록왕천유대인

無 무	佛 불	音 음	明 명	能 능	妙 묘	相 상
量 량	國 국	聲 성	徧 변	遊 유	寶 보	名 명
菩 보	土 토	普 보	照 조	步 보	以 이	一 일
薩 살	住 주	皆 개	一 일	放 방	爲 위	切 체
從 종	於 어	震 진	切 체	閻 염	莊 장	虛 허
中 중	虛 허	動 동	諸 제	浮 부	嚴 엄	空 공
化 화	空 공	復 부	佛 불	金 금	其 기	法 법
現 현	寶 보	現 현	世 세	色 색	相 상	界 계
是 시	焰 염	一 일	界 계	清 청	圓 원	雲 운
爲 위	莊 장	切 체	發 발	淨 정	直 직	光 광
八 팔	嚴 엄	諸 제	大 대	光 광	善 선	明 명

十二如來左邊伊尼延鹿王
십이여래좌변이니연록왕

腨有大人相名莊嚴海雲色
천유대인상명장엄해운색

如眞金能徧遊行一切佛刹
여진금능변유행일체불찰

放一切寶淸淨光明充滿法
방일체보청정광명충만법

界施作佛事是爲八十三如
계시작불사시위팔십삼여

來寶腨上毛有大人相名普
래보천상모유대인상명보

現法界影像雲其毛右旋一
현법계영상운기모우선일

一毛端放寶光明充滿十方
일모단방보광명충만시방

一切法界示現一切諸佛神
일체법계시현일체제불신

力其諸毛孔悉放光明一切
력기제모공실방광명일체

佛刹於中顯現是爲八十四
불찰어중현현시위팔십사

如來足下有大人相名一切
여래족하유대인상명일체

菩薩海安住雲色如金剛閻
보살해안주운색여금강염

浮檀金清淨蓮華放寶光明
부단금청정련화방보광명

充 충	切 체	人 인	爲 위	周 주	雲 운	普 보
滿 만	衆 중	相 상	八 팔	流 류	處 처	照 조
法 법	寶 보	名 명	十 십	具 구	處 처	十 시
界 계	以 이	普 보	五 오	衆 중	周 주	方 방
示 시	爲 위	照 조	如 여	寶 보	徧 변	諸 제
現 현	莊 장	一 일	來 래	色 색	擧 거	世 세
一 일	嚴 엄	切 체	右 우	充 충	足 족	界 계
切 체	放 방	光 광	足 족	滿 만	將 장	海 해
諸 제	大 대	明 명	上 상	法 법	步 보	寶 보
佛 불	光 광	雲 운	有 유	界 계	香 향	香 향
菩 보	明 명	一 일	大 대	是 시	氣 기	焰 염

薩是爲八十六如來左足上
살시위팔십육여래좌족상

有大人相名普現一切諸佛
유대인상명보현일체제불

雲寶藏摩尼以爲莊嚴放寶
운보장마니이위장엄방보

光明於念念中現一切佛神
광명어념념중현일체불신

通變化及其法海所坐道場
통변화급기법해소좌도량

盡未來際劫無有間斷是爲
진미래제겁무유간단시위

八十七如來右足指間有大
팔십칠여래우족지간유대

人相名光照一切法界海雲
인상명광조일체법계해운

須彌燈摩尼王千輻焰輪種
수미등마니왕천폭염륜종

種莊嚴放大光明充滿十方
종장엄방대광명충만시방

一切法界諸世界海於中普
일체법계제세계해어중보

現一切諸佛所有種種寶莊
현일체제불소유종종보장

嚴相是爲八十八如來左足
엄상시위팔십팔여래좌족

指間有大人相名現一切佛
지간유대인상명현일체불

사경의 공덕은 십만억 부처님께 공양한 것과 같은 공덕이 있습니다.

海雲摩尼寶華香焰燈鬘一
해운마니보화향염등만일

切寶輪以爲莊嚴恒放寶海
체보륜이위장엄항방보해

淸淨光明充滿虛空普及十
청정광명충만허공보급시

方一切世界於中示現一切
방일체세계어중시현일체

諸佛及諸菩薩圓滿音聲卍
제불급제보살원만음성만

字等相利益無量一切衆生
자등상이익무량일체중생

是爲八十九如來右足跟有
시위팔십구여래우족근유

有 유	妙 묘	現 현	皆 개	寶 보	寶 보	大 대
大 대	法 법	一 일	同 동	光 광	末 말	人 인
人 인	是 시	切 체	一 일	明 명	以 이	相 상
相 상	爲 위	諸 제	相 상	其 기	爲 위	名 명
名 명	九 구	佛 불	無 무	光 광	莊 장	自 자
示 시	十 십	坐 좌	有 유	妙 묘	嚴 엄	在 재
現 현	如 여	於 어	差 차	好 호	常 상	照 조
妙 묘	來 래	道 도	別 별	充 충	放 방	耀 요
音 음	左 좌	場 장	於 어	滿 만	如 여	雲 운
演 연	足 족	演 연	中 중	法 법	來 래	帝 제
說 설	跟 근	說 설	示 시	界 계	妙 묘	青 청

諸法海雲以變化海摩尼寶
제법해운이변화해마니보

香焰海須彌華摩尼寶及毘
향염해수미화마니보급비

琉璃而爲莊嚴放大光明充
유리이위장엄방대광명충

滿法界於中普現諸佛神力
만법계어중보현제불신력

是爲九十一如來右足趺有
시위구십일여래우족부유

大人相名示現一切莊嚴光
대인상명시현일체장엄광

明雲衆寶所成極妙莊嚴放
명운중보소성극묘장엄방

閻浮檀金色淸淨光明普照
염부단금색청정광명보조

十方一切法界其光明相猶
시방일체법계기광명상유

如大雲普覆一切諸佛道場
여대운보부일체제불도량

是爲九十二如來左足趺有
시위구십이여래좌족부유

大人相名現衆色相雲以一
대인상명현중색상운이일

切月焰藏毘盧遮那寶因陀
체월염장비로차나보인다

羅尼羅寶而爲莊嚴念念遊
라니라보이위장엄염념유

行諸法界海放摩尼燈香焰
행제법계해방마니등향염

光明其光徧滿一切法界是
광명기광변만일체법계시

爲九十三如來右足四周有
위구십삼여래우족사주유

大人相名普藏雲因陀羅尼
대인상명보장운인다라니

羅金剛寶以爲莊嚴放寶光
라금강보이위장엄방보광

明充滿虛空於中示現一切
명충만허공어중시현일체

諸佛坐於道場摩尼寶王師
제불좌어도량마니보왕사

사경의 공덕은 십만억 부처님께 공양한 것과 같은 공덕이 있습니다.

子之座是爲九十四如來左
자지좌시위구십사여래좌

足四周有大人相名光明徧
족사주유대인상명광명변

照法界雲摩尼寶華以爲莊
조법계운마니보화이위장

嚴放大光明充滿法界平等
엄방대광명충만법계평등

一相於中示現一切諸佛及
일상어중시현일체제불급

諸菩薩自在神力以大妙音
제보살자재신력이대묘음

演說法界無盡法門是爲九
연설법계무진법문시위구

十(십) 五(오) 如(여) 來(래) 右(우) 足(족) 指(지) 端(단) 有(유) 大(대) 人(인)
相(상) 名(명) 示(시) 現(현) 莊(장) 嚴(엄) 雲(운) 甚(심) 可(가) 愛(애) 樂(락)
閻(염) 浮(부) 檀(단) 淸(청) 淨(정) 眞(진) 金(금) 以(이) 爲(위) 莊(장) 嚴(엄)
放(방) 大(대) 光(광) 明(명) 充(충) 滿(만) 十(시) 方(방) 一(일) 切(체) 法(법)
界(계) 於(어) 中(중) 示(시) 現(현) 一(일) 切(체) 諸(제) 佛(불) 及(급) 諸(제)
菩(보) 薩(살) 無(무) 盡(진) 法(법) 海(해) 種(종) 種(종) 功(공) 德(덕) 神(신)
通(통) 變(변) 化(화) 是(시) 爲(위) 九(구) 十(십) 六(육) 如(여) 來(래) 左(좌)

사경의 공덕은 십만억 부처님께 공양한 것과 같은 공덕이 있습니다.

諸 제	切 체	一 일	嚴 엄	焰 염	佛 불	足 족
佛 불	諸 제	切 체	放 방	普 보	神 신	指 지
法 법	佛 불	諸 제	衆 중	香 향	變 변	端 단
海 해	及 급	世 세	寶 보	摩 마	雲 운	有 유
是 시	諸 제	界 계	色 색	尼 니	不 불	大 대
爲 위	菩 보	海 해	淸 청	寶 보	思 사	人 인
九 구	薩 살	於 어	淨 정	焰 염	議 의	相 상
十 십	演 연	中 중	光 광	輪 륜	佛 불	名 명
七 칠	說 설	示 시	明 명	以 이	光 광	現 현
	一 일	現 현	充 충	爲 위	明 명	一 일
	切 체	一 일	滿 만	莊 장	月 월	切 체

사경의 공덕은 십만억 부처님께 공양한 것과 같은 공덕이 있습니다.

佛子毘盧遮那如來有如
是等十華藏世界海微塵數
大人相一一身分衆寶妙相
以爲莊嚴
來隨好光明功德品
爾時世尊告寶手菩薩言
佛子如來應正等覺有隨好

사경의 공덕은 십만억 부처님께 공양한 것과 같은 공덕이 있습니다.

中 중	十 십	天 천		光 광	明 명	名 명
地 지	佛 불	宮 궁	佛 불	明 명	名 명	圓 원
獄 옥	刹 찰	放 방	子 자	而 이	爲 위	滿 만
衆 중	微 미	大 대	我 아	爲 위	熾 치	王 왕
生 생	塵 진	光 광	爲 위	眷 권	盛 성	此 차
遇 우	數 수	明 명	菩 보	屬 속	七 칠	隨 수
斯 사	世 세	名 명	薩 살		百 백	好 호
光 광	界 계	光 광	時 시		萬 만	中 중
者 자	彼 피	幢 당	於 어		阿 아	出 출
衆 중	世 세	王 왕	兜 도		僧 승	大 대
苦 고	界 계	照 조	率 솔		祇 기	光 광

사경의 공덕은 십만억 부처님께 공양한 것과 같은 공덕이 있습니다.

所 소	天 천	生 생	天 천	躍 약	身 신	休 휴
種 종	子 자	已 이	中 중	稱 칭	意 의	息 식
諸 제	汝 여	此 차	有 유	慶 경	亦 역	得 득
善 선	以 이	鼓 고	鼓 고	從 종	復 부	十 십
根 근	心 심	發 발	名 명	彼 피	如 여	種 종
往 왕	不 불	音 음	甚 심	命 명	是 시	淸 청
昔 석	放 방	而 이	可 가	終 종	咸 함	淨 정
親 친	逸 일	告 고	愛 애	生 생	生 생	眼 안
近 근	於 어	之 지	樂 락	兜 도	歡 환	耳 이
衆 중	如 여	言 언	彼 피	率 솔	喜 희	鼻 비
善 선	來 래	諸 제	天 천	天 천	踊 용	舌 설

知(지) 識(식) 毘(비) 盧(로) 遮(자) 那(나) 大(대) 威(위) 神(신) 力(력) 於(어)

彼(피) 命(명) 終(종) 來(내) 生(생) 此(차) 天(천)

佛(불) 子(자) 菩(보) 薩(살) 足(족) 下(하) 千(천) 輻(폭) 輪(륜) 名(명)

光(광) 明(명) 普(보) 照(조) 王(왕) 此(차) 有(유) 隨(수) 好(호) 名(명) 圓(원)

滿(만) 王(왕) 常(상) 放(방) 四(사) 十(십) 種(종) 光(광) 明(명) 中(중) 有(유)

一(일) 光(광) 名(명) 清(청) 淨(정) 功(공) 德(덕) 能(능) 照(조) 億(억) 那(나)

由(유) 他(타) 佛(불) 刹(찰) 微(미) 塵(진) 數(수) 世(세) 界(계) 隨(수) 諸(제)

衆生種種業行種種欲樂皆
중생종종업행종종욕락개

令成熟阿鼻地獄極苦衆生
령성숙아비지옥극고중생

遇斯光者皆悉命終生兜率
우사광자개실명종생도솔

天旣生天已聞天鼓音而告
천기생천이문천고음이고

之言善哉善哉諸天子毘盧
지언선재선재제천자비로

遮那菩薩入離垢三昧汝當
차나보살입리구삼매여당

敬禮
경례

一 일	我 아	善 선	鼓 고	何 하	是 시	
切 체	說 설	根 근	告 고	因 인	勸 권	爾 이
諸 제	我 아	力 력	諸 제	發 발	誨 회	時 시
佛 불	而 이	之 지	天 천	此 차	咸 함	諸 제
亦 역	不 불	所 소	子 자	微 미	生 생	天 천
復 부	著 착	成 성	言 언	妙 묘	是 시	子 자
如 여	我 아	就 취	我 아	之 지	念 념	聞 문
是 시	不 불	諸 제	所 소	音 음	奇 기	天 천
自 자	著 착	天 천	發 발	是 시	哉 재	鼓 고
說 설	我 아	子 자	聲 성	時 시	希 희	音 음
是 시	所 소	如 여	諸 제	天 천	有 유	如 여

汝 여	地 지	諸 제	報 보	從 종	子 자	佛 불
顚 전	獄 옥	天 천	成 성	南 남	如 여	不 불
倒 도	及 급	子 자	佛 불	西 서	我 아	著 착
惡 악	身 신	譬 비	亦 역	北 북	音 음	於 어
業 업	非 비	如 여	復 부	方 방	聲 성	我 아
愚 우	十 십	汝 여	如 여	四 사	不 부	不 불
癡 치	方 방	等 등	是 시	維 유	從 종	著 착
纏 전	來 래	昔 석	非 비	上 상	東 동	我 아
縛 박	但 단	在 재	十 십	下 하	方 방	所 소
生 생	由 유	地 지	方 방	來 래	來 래	諸 제
地 지	於 어	獄 옥	來 래	業 업	不 부	天 천

故 고	根 근	如 여	方 방	故 고	天 천	獄 옥
出 출	力 력	是 시	來 래	放 방	子 자	身 신
生 생	故 고	非 비	諸 제	大 대	毘 비	此 차
如 여	般 반	十 십	天 천	光 광	盧 로	無 무
是 시	若 야	方 방	子 자	明 명	遮 차	根 근
清 청	波 바	來 래	我 아	而 이	那 나	本 본
淨 정	羅 라	但 단	天 천	此 차	菩 보	無 무
音 음	蜜 밀	以 이	鼓 고	光 광	薩 살	有 유
聲 성	威 위	三 삼	音 음	明 명	威 위	來 래
示 시	德 덕	昧 매	亦 역	非 비	德 덕	處 처
現 현	力 력	善 선	復 부	十 십	力 력	諸 제

如是種種自在諸天子譬如
여시종종자재제천자비여

須彌山王有三十三天上妙
수미산왕유삼십삼천상묘

宮殿種種樂具而此樂具非
궁전종종악구이차악구비

十方來我天鼓音亦復如是
십방래아천고음역부여시

非十方來
비십방래

諸天子譬如億那由他佛
제천자비여억나유타불

刹微塵數世界盡末爲塵我
찰미진수세계진말위진아

爲如是塵數衆生隨其所樂
위여시진수중생수기소락

而演說法令大歡喜然我於
이연설법영대환희연아어

彼不生疲厭不生退怯不生
피불생피염불생퇴겁불생

憍慢不生放逸諸天子毘盧
교만불생방일제천자비로

遮那菩薩住離垢三昧亦復
차나보살주리구삼매역부

如是於右手掌一隨好中放
여시어우수장일수호중방

一光明出現無量自在神力
일광명출현무량자재신력

사경의 공덕은 십만억 부처님께 공양한 것과 같은 공덕이 있습니다.

一(일) 切(체) 聲(성) 聞(문) 辟(벽) 支(지) 佛(불) 尚(상) 不(불) 能(능) 知(지)

況(황) 諸(제) 衆(중) 生(생) 諸(제) 天(천) 子(자) 汝(여) 當(당) 往(왕) 詣(예)

彼(피) 菩(보) 薩(살) 所(소) 親(친) 近(근) 供(공) 養(양) 勿(물) 復(부) 貪(탐)

著(착) 五(오) 欲(욕) 樂(락) 具(구) 著(착) 五(오) 欲(욕) 樂(락) 障(장) 諸(제)

善(선) 根(근) 諸(제) 天(천) 子(자) 譬(비) 如(여) 劫(겁) 火(화) 燒(소) 須(수)

彌(미) 山(산) 悉(실) 令(령) 除(제) 盡(진) 無(무) 餘(여) 可(가) 得(득) 貪(탐)

欲(욕) 纏(전) 心(심) 亦(역) 復(부) 如(여) 是(시) 終(종) 不(불) 能(능) 生(생)

念佛之意
념불지의

諸天子汝等應當知恩報
제천자여등응당지은보

恩諸天子其有衆生不知恩報
은제천자기유중생부지은보

恩多遭橫死生於地獄諸天
은다조횡사생어지옥제천

子汝等昔在地獄之中蒙光
자여등석재지옥지중몽광

照身捨彼生此汝等今者宜
조신사피생차여등금자의

疾迴向增長善根
질회향증장선근

諸天子 如我天鼓 非男非
제천자 여아천고 비남비

女 而能出生無量無邊不思
녀 이능출생무량무변불사

議事 汝天子天女 亦復如是
의사 여천자천녀 역부여시

非男非女 而能受用種種上
비남비녀 이능수용종종상

妙宮殿園林 如我天鼓 不生
묘궁전원림 여아천고 불생

不滅 色受想行識 亦復如是
불멸 색수상행식 역부여시

不生不滅 汝等 若能於此悟
불생불멸 여등 약능어차오

解(해) 應(응) 知(지) 則(즉) 入(입) 無(무) 依(의) 印(인) 三(삼) 昧(매)

時(시) 諸(제) 天(천) 子(자) 聞(문) 是(시) 音(음) 已(이) 得(득) 未(미)

曾(증) 有(유) 卽(즉) 皆(개) 化(화) 作(작) 一(일) 萬(만) 華(화) 雲(운) 一(일)

萬(만) 香(향) 雲(운) 一(일) 萬(만) 音(음) 樂(악) 雲(운) 一(일) 萬(만) 幢(당)

雲(운) 一(일) 萬(만) 蓋(개) 雲(운) 一(일) 萬(만) 歌(가) 讚(찬) 雲(운) 作(작)

是(시) 化(화) 已(이) 卽(즉) 共(공) 往(왕) 詣(예) 毘(비) 盧(로) 遮(자) 那(나)

菩(보) 薩(살) 所(소) 住(주) 宮(궁) 殿(전) 合(합) 掌(장) 恭(공) 敬(경) 於(어)

王 왕	觀 관	耶 야	淨 정	那 나	時 시	一 일
家 가	見 견	夫 부	飯 반	菩 보	有 유	面 면
梵 범	菩 보	人 인	王 왕	薩 살	天 천	立 립
天 천	薩 살	胎 태	家 가	已 이	子 자	欲 욕
欲 욕	身 신	時 시	乘 승	從 종	作 작	申 신
天 천	處 처	諸 제	栴 전	此 차	如 여	瞻 첨
承 승	在 재	天 천	檀 단	沒 몰	是 시	覲 근
事 사	人 인	子 자	樓 루	生 생	言 언	而 이
供 공	間 간	以 이	閣 각	於 어	毘 비	不 불
養 양	淨 정	天 천	處 처	人 인	盧 로	得 득
諸 제	飯 반	眼 안	摩 마	間 간	遮 자	見 견

天子衆咸作是念我等若不
천자중함작시념아등약불

往菩薩所問訊起居乃至一
왕보살소문신기거내지일

念於此天宮而生愛著則爲
념어차천궁이생애저즉위

不可時一一天子與十那由
불가시일일천자여십나유

他眷屬欲下閻浮提時天鼓
타권속욕하염부제시천고

中出聲告言諸天子菩薩摩
중출성고언제천자보살마

訶薩非此命終而生彼間但
하살비차명종이생피간단

사경의 공덕은 십만억 부처님께 공양한 것과 같은 공덕이 있습니다.

以神通隨諸衆生心之所宜
이신통수제중생심지소의

令其得見
영기득견

諸天子如我今者非眼所
제천자여아금자비안소

見而能出聲菩薩摩訶薩入
견이능출성보살마하살입

離垢三昧亦復如是非眼所
리구삼매역부여시비안소

見而能處處示現受生離分
견이능처처시현수생이분

別除憍慢無染著諸天子汝
별제교만무염착제천자여

生 생	界 계	盡 진	障 장	除 제	提 리	等 등
數 수	衆 중	法 법	以 이	一 일	心 심	應 응
等 등	生 생	界 계	盡 진	切 체	淨 정	發 발
善 선	數 수	衆 중	法 법	業 업	治 치	阿 아
身 신	等 등	生 생	界 계	障 장	其 기	耨 녹
業 업	舌 설	數 수	衆 중	煩 번	意 의	多 다
善 선	以 이	等 등	生 생	惱 뇌	住 주	羅 라
語 어	盡 진	頭 두	數 수	障 장	善 선	三 삼
業 업	法 법	以 이	等 등	報 보	威 위	藐 약
善 선	界 계	盡 진	身 신	障 장	儀 의	三 삼
意 의	衆 중	法 법	以 이	見 견	悔 회	菩 보

業업 悔회 除제 所소 有유 諸제 障장 過과 惡악 時시 諸제

天천 子자 聞문 是시 語어 已이 得득 未미 曾증 有유 心심

大대 歡환 喜희 而이 問문 之지 言언 菩보 薩살 摩마 訶하

薩살 云운 何하 悔회 除제 一일 切체 過과 惡오 (빈칸) (빈칸)

(빈칸) 爾이 時시 天천 鼓고 以이 菩보 薩살 三삼 昧매 善선

根근 力력 故고 發발 聲성 告고 言언 諸제 天천 子자 菩보

薩살 知지 諸제 業업 不부 從종 東동 方방 來래 不부 從종

南西北方四維上下來而共
남서북방사유상하래이공

積集止住於心但從顚倒生
적집지주어심단종전도생

無有住處菩薩如是決定明
무유주처보살여시결정명

見無有疑惑諸天子如我天
견무유의혹제천자여아천

鼓說業說報說行說戒說喜
고설업설보설행설계설희

說安說諸三昧諸佛菩薩亦
설안설제삼매제불보살역

復如是說我說我所說衆生
부여시설아설아소설중생

사경의 공덕은 십만억 부처님께 공양한 것과 같은 공덕이 있습니다.

亦 역	以 이	滅 멸		果 과	我 아	說 설
復 부	地 지	造 조	諸 제	報 보	無 무	貪 탐
如 여	獄 옥	惡 악	天 천	十 시	有 유	恚 에
是 시	覺 각	諸 제	子 자	方 방	我 아	癡 치
非 비	悟 오	天 천	譬 비	推 추	所 소	種 종
生 생	之 지	不 불	如 여	求 구	諸 제	種 종
非 비	聲 성	聞 문	我 아	悉 실	所 소	諸 제
滅 멸	一 일	餘 여	聲 성	不 불	作 작	業 업
隨 수	切 체	聲 성	不 불	可 가	業 업	而 이
有 유	諸 제	唯 유	生 생	得 득	六 육	實 실
修 수	業 업	聞 문	不 불		趣 취	無 무

集則受其報諸天子如我天
집즉수기보제천자여아천

鼓所出音聲於無量劫不可
고소출음성어무량겁불가

窮盡無有間斷若來若去皆
궁진무유간단약래약거개

不可得諸天子若有來去則
불가득제천자약유래거즉

有斷常一切諸佛終不演說
유단상일체제불종불연설

有斷常法除爲方便成熟衆
유단상법제위방편성숙중

生諸天子譬如我聲於無量
생제천자비여아성어무량

世(세)界(계)隨(수)衆(중)生(생)心(심)皆(개)使(사)得(득)聞(문)一(일)
切(체)諸(제)佛(불)亦(역)復(부)如(여)是(시)隨(수)衆(중)生(생)心(심)
悉(실)令(령)得(득)見(견)諸(제)天(천)子(자)如(여)有(유)玻(파)瓈(려)
鏡(경)名(명)爲(위)能(능)照(조)淸(청)淨(정)鑒(감)徹(철)與(여)十(십)
世(세)界(계)其(기)量(량)正(정)等(등)無(무)量(량)無(무)邊(변)諸(제)
國(국)土(토)中(중)一(일)切(체)山(산)川(천)一(일)切(체)衆(중)生(생)
乃(내)至(지)地(지)獄(옥)畜(축)生(생)餓(아)鬼(귀)所(소)有(유)影(영)

사경의 공덕은 십만억 부처님께 공양한 것과 같은 공덕이 있습니다.

眼 안	處 처	雖 수	諸 제	入 입	云 운	像 상
當 당	諸 제	能 능	天 천	鏡 경	何 하	皆 개
知 지	天 천	出 출	子 자	中 중	彼 피	於 어
諸 제	子 자	生 생	一 일	從 종	諸 제	中 중
業 업	譬 비	諸 제	切 체	鏡 경	影 영	現 현
亦 역	如 여	業 업	諸 제	去 거	像 상	諸 제
復 부	幻 환	果 과	業 업	否 부	可 가	天 천
如 여	師 사	報 보	亦 역	答 답	得 득	子 자
是 시	幻 환	無 무	復 부	言 언	說 설	於 어
若 약	惑 혹	來 래	如 여	不 불	言 언	汝 여
如 여	人 인	去 거	是 시	也 야	來 래	意 의

提 리	天 천	無 무	兜 도	那 나	悉 실	是 시
心 심	子 자	量 량	率 솔	由 유	得 득	知 지
六 육	發 발	不 불	陀 타	他 타	淸 청	是 시
欲 욕	阿 아	思 사	諸 제	佛 불	淨 정	眞 진
天 천	耨 녹	議 의	天 천	刹 찰	說 설	實 실
中 중	多 다	阿 아	子 자	微 미	此 차	懺 참
一 일	羅 라	僧 승	得 득	塵 진	法 법	悔 회
切 체	三 삼	祇 기	無 무	數 수	時 시	一 일
天 천	藐 먁	六 육	生 생	世 세	百 백	切 체
女 녀	三 삼	欲 욕	法 법	界 계	千 천	罪 죄
皆 개	菩 보	諸 제	忍 인	中 중	億 억	惡 악

捨女身發於無上菩提之意
사녀신발어무상보리지의

爾時諸天子聞說普賢廣
이시제천자문설보현광

大迴向故得十地故獲諸力
대회향고득십지고획제력

莊嚴三昧故以衆生數等清
장엄삼매고이중생수등청

淨三業悔除一切諸重障故
정삼업회제일체제중장고

卽見百千億那由他佛刹微
즉견백천억나유타불찰미

塵數七寶蓮華一一華上皆
진수칠보련화일일화상개

有(유)菩(보)薩(살)結(결)跏(가)趺(부)坐(좌)放(방)大(대)光(광)明(명)
彼(피)諸(제)菩(보)薩(살)一(일)一(일)隨(수)好(호)放(방)衆(중)生(생)
數(수)等(등)光(광)明(명)彼(피)光(광)明(명)中(중)有(유)衆(중)生(생)
數(수)等(등)諸(제)佛(불)結(결)跏(가)趺(부)坐(좌)隨(수)衆(중)生(생)
心(심)而(이)爲(위)說(설)法(법)而(이)猶(유)未(미)現(현)離(리)垢(구)
三(삼)昧(매)少(소)分(분)之(지)力(력)
爾(이)時(시)彼(피)諸(제)天(천)子(자)以(이)上(상)衆(중)華(화)

復於身上一一毛孔化作衆
부어신상일일모공화작중

生數等衆妙華雲供養毘盧
생수등중묘화운공양비로

遮那如來持以散佛一切皆
자나여래지이산불일체개

於佛身上住其諸香雲普雨
어불신상주기제향운보우

無量佛刹微塵數世界若有
무량불찰미진수세계약유

衆生身蒙香者其身安樂譬
중생신몽향자기신안락비

如比丘入第四禪一切業障
여비구입제사선일체업장

皆得消滅若有聞者彼諸衆
生於色聲香味觸其內具有
五百煩惱其外亦有五百煩
惱貪行多者二萬一千瞋行
多者二萬一千癡行多者二
萬一千等分行者二萬一千
了知如是悉是虛妄如是知

사경의 공덕은 십만억 부처님께 공양한 것과 같은 공덕이 있습니다.

已(이)成(성)就(취)香(향)幢(당)雲(운)自(자)在(재)光(광)明(명)清(청)
淨(정)善(선)根(근)若(약)有(유)衆(중)生(생)見(견)其(기)蓋(개)者(자)
種(종)一(일)清(청)淨(정)金(금)網(망)轉(전)輪(륜)王(왕)一(일)恒(항)
河(하)沙(사)善(선)根(근)
佛(불)子(자)菩(보)薩(살)住(주)此(차)轉(전)輪(륜)王(왕)位(위)
於(어)百(백)千(천)億(억)那(나)由(유)他(타)佛(불)刹(찰)微(미)塵(진)
數(수)世(세)界(계)中(중)教(교)化(화)衆(중)生(생)佛(불)子(자)譬(비)

佛 불	衆 중	事 사	而 이	優 우	無 무	如 여
國 국	生 생	未 미	來 래	婆 바	量 량	明 명
土 토	聞 문	曾 증	聽 청	塞 새	諸 제	鏡 경
菩 보	其 기	一 일	法 법	優 우	世 세	世 세
薩 살	佛 불	念 념	廣 광	婆 바	界 계	界 계
安 안	名 명	而 이	爲 위	夷 이	中 중	月 월
住 주	必 필	有 유	演 연	等 등	比 비	智 지
淸 청	得 득	間 간	說 설	化 화	丘 구	如 여
淨 정	往 왕	斷 단	本 본	現 현	比 비	來 래
金 금	生 생	若 약	生 생	其 기	丘 구	常 상
網 망	彼 피	有 유	之 지	身 신	尼 니	有 유

사경의 공덕은 십만억 부처님께 공양한 것과 같은 공덕이 있습니다.

轉輪王位亦復如是若有暫
전륜왕위역부여시약유잠

得遇其光明必獲菩薩第十
득우기광명필획보살제십

地位以先修行善根力故
지위이선수행선근력고

佛子如得初禪雖未命終
불자여득초선수미명종

見梵天處所有宮殿而得受
견범천처소유궁전이득수

於梵世安樂得諸禪者悉亦
어범세안락득제선자실역

如是菩薩摩訶薩住淸淨金
여시보살마하살주청정금

	深 심	至 지	智 지	得 득	光 광	網 망
佛 불	三 삼	十 십	慧 혜	菩 보	明 명	轉 전
子 자	昧 매	種 종	光 광	薩 살	若 약	輪 륜
假 가	成 성	清 청	明 명	第 제	有 유	王 왕
使 사	就 취	淨 정	得 득	十 십	衆 중	位 위
有 유	如 여	意 의	十 십	地 지	生 생	放 방
人 인	是 시	具 구	種 종	位 위	遇 우	摩 마
以 이	清 청	足 족	清 청	成 성	斯 사	尼 니
億 억	淨 정	無 무	淨 정	就 취	光 광	髻 계
那 나	肉 육	量 량	眼 안	無 무	者 자	清 청
由 유	眼 안	甚 심	乃 내	量 량	皆 개	淨 정

他佛刹碎爲微塵一塵一刹
타불찰쇄위미진일진일찰

復以爾許微塵數佛刹碎爲
부이이허미진수불찰쇄위

微塵如是微塵悉置左手持
미진여시미진실치좌수지

以東行過爾許微塵數世界
이동행과이허미진수세계

乃下一塵如是東行盡此微
내하일진여시동행진차미

塵南西北方四維上下亦復
진남서북방사유상하역부

如是如是十方所有世界若
여시여시시방소유세계약

著착微미塵진及급不불著착者자悉실以이集집成성
一일佛불國국土토寶보手수於어汝여意의云운何하
如여是시佛불土토廣광大대無무量량可가思사議의
否부答답曰왈不불也야如여是시佛불土토廣광大대
無무量량希희有유奇기特특不불可가思사議의若약
有유衆중生생聞문此차譬비喩유能능生생信신解해
當당知지更갱爲위希희有유奇기特특佛불言언寶보

手(수)如(여)是(시)如(여)是(시)如(여)汝(여)所(소)說(설)若(약)有(유)

善(선)男(남)子(자)善(선)女(녀)人(인)聞(문)此(차)譬(비)喻(유)而(이)

生(생)信(신)者(자)我(아)授(수)彼(피)記(기)決(결)定(정)當(당)成(성)

阿(아)耨(녹)多(다)羅(라)三(삼)藐(약)三(삼)菩(보)提(리)當(당)獲(획)

如(여)來(래)無(무)上(상)智(지)慧(혜)

寶(보)手(수)設(설)復(부)有(유)人(인)以(이)千(천)億(억)佛(불)

刹(찰)微(미)塵(진)數(수)如(여)上(상)所(소)說(설)廣(광)大(대)佛(불)

能 능	業 업	切 체	展 전	佛 불	譬 비	土 토
明 명	報 보	廣 광	轉 전	國 국	喩 유	抹 말
見 견	淸 청	大 대	乃 내	土 토	一 일	爲 위
亦 역	淨 정	佛 불	至 지	復 부	一 일	微 미
見 견	肉 육	土 토	經 경	末 말	下 하	塵 진
百 백	眼 안	所 소	八 팔	爲 위	盡 진	以 이
億 억	於 어	有 유	十 십	塵 진	乃 내	此 차
廣 광	一 일	微 미	返 반	如 여	至 지	微 미
大 대	念 념	塵 진	如 여	是 시	集 집	塵 진
佛 불	中 중	菩 보	是 시	次 차	成 성	依 의
剎 찰	悉 실	薩 살	一 일	第 제	一 일	前 전

微塵數佛如玻瓈鏡淸淨光
미진수불여파려경청정광

明照十佛刹微塵數世界寶
명조십불찰미진수세계보

手如是皆是淸淨金網轉輪
수여시개시청정금망전륜

王甚深三昧福德善根之所
왕심심삼매복덕선근지소

成就
성취

發 願 文

귀의 삼보하옵고
거룩하신 부처님께 발원하옵나이다.

주　　소 : ____________________

전　　화 : ____________________　불 명 : ____________　성 명 : ____________

불기 25 ________ 년 ________ 월 ________ 일